RACHEL

PARIS. — TYP. WALDER, RUE BONAPARTE, 44.

RACHEL

LES CONTEMPORAINS

RACHEL

PAR

EUGÈNE DE MIRECOURT

PARIS
J.-P. RORET ET Cie, ÉDITEURS
9, RUE MAZARINE.
1854

RACHEL

Le 24 mars 1820, dans une misérable auberge de la Suisse, Esther Haya, femme d'un colporteur juif, appelé Félix, mit au jour un enfant du sexe féminin, qui reçut les noms d'Élisabeth Rachel. On ne consigna régulièrement cette naissance sur aucun registre civil ou religieux. Il en résulte que la sublime tragédienne dont l'Europe entière salue la gloire n'a pas même ce que le plus obscur des enfants du peuple a toujours, c'est-à-dire un acte qui constate son origine [1].

Pendant dix années consécutives, le père et la mère de Rachel voyagèrent en Suisse et en Allemagne.

Sans toit, sans pénates, n'ayant pas toujours du pain aux lèvres et traînant avec eux leur progéniture en haillons, ils couraient d'une foire à l'autre, pour y vendre ces mille objets indescriptibles

[1] Tout ce qu'on a pu retrouver est une note du bourgmestre d'Arau, canton d'Argovie, mentionnant qu'une femme qui colportait venait d'accoucher dans un village appelé Munf. Cette note ne contient aucune désignation de religion ni de famille.

qui composent la pacotille des juifs nomades.

Jamais, à aucune époque, mère de famille ne déploya pour vaincre le sort plus d'intrépidité que la femme du colporteur Félix.

A force de travail et de patience, elle réussit à abriter toute sa bohême à Lyon, dans une pauvre échoppe de marchande à la toilette.

Pendant qu'Esther Haya vendait ou échangeait des hardes, son mari donnait quelques leçons d'allemand; Sarah, l'aînée des petites juives, allait chanter dans les cafés, en s'accompagnant de la guitare, et sa sœur Rachel faisait la collecte autour des tables.

Vers 1830, ils prirent le chemin de

Paris, où les attendait une tout autre destinée.

Les anciens ont dit que la fortune était aveugle; nous la croyons au contraire fort clairvoyante. Elle tient une bascule railleuse, au moyen de laquelle nous sommes portés de bas en haut et de haut en bas, presque toujours sans nous y attendre, et au plus grand amusement de la folâtre déesse.

Arrivés à Paris, les Félix vécurent d'abord à peu près comme à Lyon.

Rachel, devenue plus grande, chantait avec sa sœur à la porte des établissements publics, et rapportait, le soir, au taudis commun la recette de la journée.

Quelques flatteurs maladroits ont

voulu nier, pour faire leur cour à Hermione, ce détail pittoresque de son histoire, ignorant sans doute qu'elle a eu le bon esprit de le raconter elle-même.

Ce dut être pendant un épisode de cette vie errante que l'illustre fondateur de l'institution royale de musique religieuse, Étienne Choron, rencontra les deux jeunes filles et leur proposa de suivre sa classe.

Il rendit visite au père et à la mère. C'était Rachel surtout qu'il tenait à avoir pour élève. Sur ce front d'enfant, le vieillard avait aperçu le rayonnement d'une étoile.

— Comment vous appelez-vous, ma chère petite? lui demanda-t-il.

— Je me nomme Élisabeth Rachel, monsieur.

— Rachel, murmura Choron, voilà qui sent l'Ancien Testament. Ce nom-là ne convient guère à la musique chrétienne.

— Il me reste celui d'Élisabeth, dit la jeune fille.

— D'accord; mais le *beth* est de trop. Je vous inscrirai sous le nom d'Élisa. Présentez-vous demain à ma classe, et ne courez plus les rues. Je me charge de votre avenir.

Choron tint parole.

Au bout d'un mois, s'apercevant que l'organe métallique et nerveux de sa protégée la rendait propre à la déclamation plutôt qu'au chant, il alla lui-même la présenter à Pagnon Saint-Aulaire, qui formait des élèves pour la tragédie et la comédie, en dehors du Conservatoire.

Le vieux professeur accepta la jeune israélite pour écolière.

Elle savait à peine lire ; son nouveau maître lui donna des leçons tout à fait paternelles.

Quatre années durant, il remua ce terrain sans culture, et y sema cette moisson de gloire et d'or que l'ex-bohémienne des carrefours de Lyon recueille aujourd'hui.

Les rôles d'*Hermione*, d'*Iphigénie* et de *Marie Stuart* furent implantés par Saint-Aulaire dans le cerveau de son élève, mot par mot, hémistiche par hémistiche, intonation par intonation.

C'était entre lui et la jeune fille une lutte perpétuelle.

Élisa préférait apprendre la Dorine de *Tartufe*, la Philaminte des *Femmes savantes*, ou la Lisette des *Folies amoureuses*. Elle traitait de radoteurs tous ceux qui essayaient de lui prouver que le genre tragique seul était en raison de la puissance de sa voix et de son geste.

Ce goût singulier de la grande artiste pour la comédie existe encore.

Elle est dans le ravissement, lorsqu'elle peut jouer, soit à l'Odéon, soit dans quelque théâtre de société, les rôles de Dorine et de Marinette[1], où

---

[1] Elle a même osé, le 1er juillet 1844, aborder ce dernier rôle sur la scène où elle joue Phèdre.

chacun s'accorde à la trouver médiocre.

Un jour, M. Védel, caissier du Théâtre-Français, reçut à son bureau la visite d'une débutante, qui le supplia de venir l'entendre à la salle Molière [1].

— Que jouerez-vous, mon enfant? lui demanda-t-il.

— La soubrette du *Philosophe marié*.

— Sera-ce tout ?

— Non, je commencerai par le rôle d'*Hermione*. Mais je n'y suis pas bonne ; venez seulement pour l'autre pièce.

Comme tous ceux qui apercevaient la jeune Félix pour la première fois, M. Védel remarqua le caractère expres-

[1] Rue Saint-Martin. Saint-Aulaire avait loué cette salle pour y exercer ses élèves.

sif de sa physionomie et la sonorité de son organe.

Il se décida, quoi qu'elle en eût dit, à la voir dans son rôle tragique.

Le soir même, il était à la salle Molière.

Après avoir écouté un acte d'*Andromaque*, il quitta vivement son avant-scène, prit un cabriolet, brûla le pavé jusqu'à la rue Richelieu, et ramena Jouslin de la salle[1] au théâtre où jouait Élisa.

— Voyez cette petite juive de quinze ans, lui dit-il. C'est une merveille.

On commençait le troisième acte. Jouslin poussa des exclamations de surprise. Il n'avait jamais entendu décla-

[1] Directeur de la Comédie-Française.

mer le vers avec une netteté plus grande, un talent de diction plus admirable.

Quand Hermione se montra dans le *Philosophe marié* sous un cotillon de soubrette, il se leva furieux, courut dans les coulisses et dit à Saint-Aulaire :

— Ah çà ! mais vous êtes fou !

— Pourquoi ? demanda le professeur.

— Vous me gâtez cette enfant-là par vos sots rôles de Destouches.

— Oui, je le sais. Que voulez-vous ? Obtenir d'elle obéissance n'est pas chose facile ; elle est têtue comme une mule andalouse.

— Eh ! corbleu ! cria Jouslin, dites à madame Félix de lui donner le fouet : elle est d'âge encore à le recevoir.

Puis, riant aussitôt de sa colère, il pria le professeur de lui amener la jeune élève, quand elle ne serait plus en scène.

Un instant après Élisa parut.

— Mademoiselle, dit Jouslin, vous tenez à entrer au Conservatoire ?

— Oh ! monsieur, répondit-elle, c'est mon plus grand désir.

— Vous y entrerez. Je me fais fort de vous obtenir en outre un secours de six cents francs. Mais si vous avez le malheur de jouer à l'avenir un rôle de soubrette, un seul, c'est au ministre et à moi que vous aurez affaire.

Dès le lendemain, la jeune fille était admise au Conservatoire dans la classe de Michelot : c'était le 27 octobre 1836.

Peu de temps après, Jouslin fut éliminé de la Comédie-Française. Védel, qui lui succéda, battu tout d'abord en brèche par les sociétaires et perpétuellement occupé à se défendre contre leurs attaques, oublia le secours promis.

Les Félix avaient hâte d'exploiter le talent d'Élisa; leur pauvreté ne diminuait pas, et le nombre de leurs enfants augmentait beaucoup [1].

M. Poirson, directeur du Gymnase, assistant par hasard à une représentation de Chantereine, vit notre jeune tragédienne dans le rôle d'Ériphile.

[1] Ils en avaient alors cinq, dont quatre filles, Sarah, Rachel, Rébecca, Lia, et un garçon nommé Raphaël. Vers 1840, ils eurent une dernière fille qui porte le nom de Dinah.)

Son admiration se traduisit par des offres sérieuses.

Depuis quelque temps les vaudevilles à l'eau de rose de M. Scribe ne faisaient plus que des recettes médiocres. Poirson voulait essayer d'un autre genre, afin d'empêcher la désertion complète du public. Il appela dans son cabinet l'Ériphile de la salle Chantereine; elle accourut accompagnée de son père.

— Combien voulez-vous gagner, mademoiselle? demanda Poirson.

La jeune fille regarda l'auteur de ses jours, qui se hâta de répondre dans son idiome tudesque :

— *Nous falons teux mille vrancs, gomme un liard.*

— Vous valez mieux que cela, dit

Poirson. Je vous en donne trois mille, avec une augmentation annuelle du tiers de cette somme, si votre fille réussit à mon théâtre.

— *Drès pien! che signe dout de suite!* s'écria Félix père, émerveillé de cette bonne fortune.

— Il s'agit à présent de savoir le nom que mademoiselle prendra sur l'affiche, dit le directeur. Je ne veux à aucun prix de celui d'Élisa.

— Aimez-vous mieux le nom de Rachel? demanda la jeune fille. M. Choron me l'avait fait quitter lorsque j'étais son élève.

— Quelle sottise! Ma cuisinière s'appelle Élisa; tandis que Rachel... à la bonne heure! Gardez ce nom, ne le quittez plus.

L'administration du Gymnase commande le jour même une pièce capable de donner l'essor aux qualités dramatiques de sa nouvelle pensionnaire. En moins de trois semaines *la Vendéenne* de M. Paul Duport est écrite et mise à l'étude. On sonne toutes les fanfares de la presse pour amener le public à la première représentation. Le public arrive; mais il accueille avec froideur la merveille qu'on lui présente. Rachel n'a pas l'ombre de succès.

Poirson se décourage, efface *la Vendéenne* de l'affiche, et dit:

— C'est un four!

Il plante là sa débutante, ou ne lui

donne plus que des rôles insignifiants.

Rachel court à la Comédie-Française. Elle demande à parler à M. Védel. Celui-ci, toujours en bataille avec les sociétaires, ne peut la recevoir ; il laisse même une lettre qu'elle lui écrit sans réponse. D'un autre côté, Michelot, professeur de la jeune fille au Conservatoire, n'ayant qu'une foi très-médiocre dans le talent de cette élève, lui refuse en quelque sorte son patronage.

Désolée, suppliante, elle s'adresse à Provost[1], qui la toise des pieds à la tête, la juge solennellement d'un coup d'œil et lui dit :

—Vous n'êtes pas taillée pour la scène,

[1] Premier comique du Théâtre-Français.

ma chère. Allez sur le boulevard et vendez des bouquets !

La pauvre juive, abandonnée de tous, va frapper, en désespoir de cause, à la porte de Samson, l'éminent artiste, qui doit bientôt figurer dans notre galerie, au double titre d'auteur plein de goût et de finesse, et de comédien parfait.

Il suit les traces de Molière.

Samson écoute Rachel, et s'écrie :

—Bonté divine! si j'avais votre organe, quels miracles je voudrais accomplir !

— Eh bien! dit Rachel, faites passer votre génie dans ma voix. Soyez mon maître.

A partir de ce jour, Samson dirige la jeune fille, et met sa vieille expérience au service du larynx merveilleux dont la nature a doué mademoiselle Félix. Elle se montre beaucoup plus docile que chez Saint-Aulaire, abandonne sans rémission les soubrettes, n'étudie que les grands rôles tragiques, et se trouve assez forte, au bout de quelques mois, pour se montrer sur la scène française.

Védel obtient des sociétaires un court armistice.

Il en profite pour résilier l'engagement de Rachel au Gymnase; lui épargne les formalités de l'audition, celles des débuts, et l'attache au Théâtre-Français comme pensionnaire, à raison de quatre mille francs pour la première année. L'affiche annonce bientôt mademoiselle Rachel dans le rôle de Camille des *Horaces*.

Une chaleur tropicale brûle Paris.

Tout le monde est aux champs ou à la mer. Quand nous disons tout le monde, il faut entendre la société lettrée, artistique, intelligente.

Par hasard, néanmoins, le docteur Véron n'est pas parti.

Nous sommes heureux de pouvoir reproduire quelques lignes des *Mémoires* de cet excellent bourgeois. Il est plus spirituel et plus malin qu'on ne pense. Écoutez plutôt :

« Par une belle soirée d'été, le 12 juin 1838, cherchant l'ombre et la solitude, j'entrai vers huit ou neuf heures au Théâtre-Français. (La délicieuse épigramme!) On comptait quatre spectateurs à l'orchestre, je faisais le cinquième. Mes regards furent attirés sur la scène par une *physionomie* étrange, pleine d'expression, au front proéminent, à l'œil noir caché sous l'orbite, plein de feu. (Comme vous écrivez bien, docteur!) Tout cela planté sur un corps grêle, mais d'une certaine élégance de poses, de mouvements et d'attitudes. Une voix timbrée, sympathique, du plus heureux diapason, et, par-dessus tout, très-intelligente, rendit attentif mon esprit distrait et plus disposé à la paresse qu'à l'admiration. (Allons donc! Été comme hiver, les actrices ont toujours stimulé votre enthousiasme.) Cette *physionomie* étrange, cet œil plein de feu, ce corps grêle, cette voix intelligente, c'était Mlle Rachel : elle disait pour son début le rôle de Camille dans Horace.

« L'impression vive et profonde (Ah! oui, trop vive et trop profonde!) que me causa du premier coup cette jeune tragédienne réveilla en moi de confus souvenirs.

« A force d'interroger ma mémoire, je me rappelai une *physionomie* singulière, jouant le rôle de la Vendéenne au Gymnase; je me rappelai aussi une jeune fille pauvrement vêtue, chaussée grossièrement (Docteur! docteur! il fallait lui acheter des bottines) qui, interrogée devant moi dans les corridors d'une salle de spectacle sur ce qu'elle faisait, répondit, à mon grand ébahissement d'une voix de basse-taille et du ton le plus sérieux : « *Je poursuis mes études.* » Je retrouvais dans Mlle Rachel cette *physionomie* singulière du Gymnase (Décidément, votre rédaction a beaucoup trop de physionomie, docteur!) et cette jeune fille pauvrement vêtue qui *poursuivait ses études.*

« Bien à plaindre ceux qui, dans les arts, ne savent ni abhorrer ni admirer : tableaux, statues, monuments, chanteurs ou cantatrices, comédiens ou comédiennes, tragédiens ou tragédiennes, j'abhorre ou j'admire. (Ce diable d'homme ! il a toujours donné dans les extrêmes.) La jeune Rachel m'avait étonné, son talent me passionna. Il me fallut au plus vite mettre la main sur mon ami Merle, dont je partageais les goûts et les entraînements littéraires, pour le contraindre à suivre les débuts de celle que j'appelais déjà mon petit prodige.

« — Cette enfant-là, disais-je, lorsque *les*

douze ou quinze cents bons esprits qui font l'opinion publique à Paris l'auront entendue et jugée, sera la gloire et la fortune de la Comédie-Française [1]. »

Qu'en pensez-vous ? Notre délicieux fabricant de *Mémoires* parle de la sorte longtemps encore...

Et voyez la chance ! admirez l'étoile de Rachel !

Il n'y a pas que lui Véron qui soit resté à Paris. Le feuilletoniste Merle est là prêt à lui venir en aide, et Janin, qui l'aurait cru ? n'est point à Dieppe.

On annonce au docteur, toujours assis à l'orchestre et couvant des yeux sa chère tragédienne, que le prince des

---

[1] *Mémoires d'un Bourgeois de Paris*, tome IV, pages 196 et 197.

critiques se prélasse en haut sur un divan du foyer.

— Jupiter! ô Jupiter! s'écrie Véron.

Sans plus de retard, il s'élance, monte l'escalier quatre à quatre, arrive et tombe sur Janin comme un ouragan.

— Malheureux! dit-il, vous n'êtes pas dans la salle!

— Non, répond le critique. Je déteste les bains russes.

— Alors vous ignorez ce qui se passe!

— Que se passe-t-il?

— Duchesnois et Raucourt sont ressuscitées.

— Pourquoi faire?

— Ne blasphémez pas; suivez-moi!

— Où cela?

— Dans une loge.

— Miséricorde ! et la chaleur ?

— Il n'y a pas de chaleur qui tienne.

Janin, pris au collet, se voit entraîné par l'intrépide partisan de Rachel. Véron le fait asseoir dans une loge de face et lui dit, en parodiant un mot célèbre de la Grèce antique :

« — Sue, mais écoute ! »

Et voilà comment la brillante renommée de Rachel prit naissance [1]. Admettez un instant que le docteur Véron n'eût pas cherché, le 28 juin 1838, à *neuf heures* du soir, *l'ombre* et la soli-

---

[1] Janin publia sur elle un premier article dans les *Débats*. Si l'on veut en croire le facétieux critique, Hermione, en allant le remercier, lui aurait dit : *C'est moi que j'étais-t-au Gymnase l'an passé.* A quoi Janin aurait répondu avec un éclat de rire : *Je le savions !*

tude; supposez que Janin eût été à Dieppe et Merle à Trouville, bien certainement personne au monde ne connaîtrait Hermione ; les *douze ou quinze cents bons esprits qui font l'opinion publique* ne l'eussent ni entendue ni jugée, et la célèbre tragédienne eût fait four comme au Gymnase.

C'est là ce que vous avez voulu prouver, n'est-ce pas, docteur ?

Donc, la France, l'Europe et l'univers entier vous adressent aujourd'hui par notre bouche tous les remerciements dont vous êtes digne.

Si Rachel, ingrate comme beaucoup de filles d'Ève, a parfois oublié vos bienfaits, soyez généreux, docteur ; pardonnez-lui ! Ne vous vengez pas en racontant certaines petites anecdotes fort piquantes sans doute, mais qui frisent le scandale, celle-ci par exemple :

« Dans ses moments de dépit et de colère intimes (*Intimes!* y songez-vous, docteur ? Vous êtes un fat !), Mlle Rachel montre parfois la même intempérance de langage que M. Thiers. Elle s'était prise, un jour, de querelle avec moi. (L'intimité mène si loin !) Je lui tenais tête : j'entendis s'échapper de ses lèvres, à petit bruit, le mot *canaille!* On se réconcilia. (Peste ! après un pareil mot ?)

« — Tout cela est bel et bien, lui dis-je ; mais vous m'avez apostrophé d'une de ces injures que personne ne s'était jamais permis de m'adresser ; vous m'avez appelé *canaille!*

« — Plaignez-vous, me répondit-elle en riant, ce n'est que depuis ce moment-là que vous êtes de la famille [1]. »

---

[1] *Mémoires d'un Bourgeois de Paris*, tome IV, page 234.

Ouf!... et l'on nous accuse, nous autres innocents biographes? Vous entendez comme les contemporains parlent d'eux-mêmes.

Rachel a fait de l'esprit à ses dépens, docteur, et aux dépens de ses proches.

Quant à vous, si l'histoire que nous venons de lire est une petite vengeance, il nous semble que vous griffez un peu votre joue avec celle d'Hermione.

Enfin, passons!

Nous sommes charitable, et nous fermons la porte aux commentaires.

Que le succès de Rachel soit dû ou non aux personnages qui se flattent de l'avoir produit, il n'en est pas moins à constater que la jeune tragédienne, après avoir joué, deux mois durant, en présence de recettes plus que médiocres, amena tout à coup ces mêmes recettes à la somme énorme de deux mille écus.

Elle fit gagner cent mille francs, en octobre, à la caisse du théâtre.

Ces finances entraient en partie dans la poche des sociétaires, mais ils n'en jetaient que des clameurs plus vives. A les entendre, on brûlait le théâtre ; on écrasait le genre comique sous le genre tragique, on sacrifiait tout à un engouement passager. « Mademoiselle Rachel, disaient-ils, finira par montrer des prétentions exorbitantes ; elle nous enrichit pour mieux nous ruiner ensuite. »

Il y avait beaucoup de vrai dans ces récriminations et beaucoup de juste dans ces plaintes.

Mais l'avénement de Rachel était un fait accompli. Son répertoire se composait déjà de plusieurs rôles magnifiques, dans lesquels le public la couvrait de bravos. Elle avait joué Camille des *Horaces*, Émilie de *Cinna*, Hermione d'*Andromaque*, Aménaïde de *Tancrède*, Ériphile d'*Iphigénie en Aulide* et Monime de *Mithridate*. Un septième rôle, qu'elle étudiait par les conseils de M. Védel, était attendu avec impatience. C'était le rôle de Roxane.

Le 23 novembre, l'affiche annonça *Bajazet*.

Beaucoup de journalistes entraient dans la querelle faite à l'administration par les sociétaires et trouvaient les griefs de ceux-ci très-motivés. Janin lui-même se repentait d'avoir *fait* Rachel, comme Dieu se repentit jadis d'avoir fait l'homme. N'ayant pas la puissance d'appeler un déluge et de noyer la tragédienne, il résolut de la *démolir* (textuel) [1].

Avant le lever du rideau, les hostilités commencèrent.

« — Vous allez voir une jolie chute! s'écriait-on. — Lui faire jouer Roxane, quelle absurdité ! — Ce Védel n'a pas l'ombre de sens ! — Elle sera détestable! — Dites atroce ! — On la sifflera ! — Nous la sifflerons ! »

---

[1] Ce ne fut pas la seule fois que le journalisme afficha de semblables prétentions. On se rappelle l'apparition de Mlle Maxime à la Comédie-Française. A en croire beaucoup d'articles, cette tragédienne était supérieure à Hermione.

Tous les échos du foyer répétaient ces phrases gracieuses.

Rachel parut en scène. On l'accueillit avec une froideur qui la déconcerta. Les romains du parterre, gagnés par l'ennemi, eurent d'un bout à l'autre de la pièce les mains affligées de mutisme. On chuchotait au fond des loges, on riait, on se plaisait à augmenter le trouble de la pauvre fille, qui réellement fut au-dessous d'elle-même.

— Ah! pardieu, vous avez fait de la belle besogne! cria Janin, du plus loin qu'il aperçut Védel. Carpentras! mon cher, Carpentras!

Le lendemain, Rachel éplorée courut chez le dispensateur de sa gloire.

— Eh! vous n'écoutez rien, lui dit-il,

vous n'en faites qu'à votre tête. Vous êtes mauvaise et vous resterez mauvaise dans Roxane !

Mais Janin comptait sans le public véritable, dont l'avis diffère quelquefois du sien. La seconde représentation de *Bajazet* fut un triomphe. A la troisième, on se battait aux portes de la Comédie-Française, et la quatrième fit monter le chiffre de la recette à plus de six mille francs.

Janin faillit en avoir une attaque d'apoplexie foudroyante.

Cette fois, les quinze cents bons esprits ne réussirent pas à faire l'opinion.

Mademoiselle Rachel était victorieuse sur toute la ligne. Une pluie de fleurs et de couronnes lui tombait, à chaque représentation, des avant-scènes et des loges.

Un soir, elle emporta dans sa robe dix à douze des plus gros bouquets et vint les déposer aux genoux de Provost, en disant :

— Voulez-vous m'en acheter, puisque vous m'avez conseillé d'en vendre?

— Allons, allons, méchante, embrassez le faux prophète, et ne lui gardez plus rancune! répondit le spirituel comédien.

Cet hiver de 1838 à 1839 fut pour l'heureuse juive une ovation perpétuelle.

La haute société de Paris la comblait de caresses et de prévenances; elle était accueillie dans les salons les plus en vogue, et les femmes de ministres l'honoraient de leur intimité.

Madame Duchâtel ne pouvait plus vivre sans Hermione.

Il y avait alors à l'Abbaye-aux-Bois un cercle moitié mondain, moitié mystique, dont la vieille madame Récamier se trouvait être la reine. On voyait là beaucoup de débris de la restauration mêlés aux ruines de l'empire, nombre de comtesses dévotes, cinq ou six bas-bleus catholiques, des prêtres, des archevêques, et M. de Chateaubriand.

Tout ce monde fit des avances à mademoiselle Rachel.

Quelques tentatives de conversion eurent lieu. Le baptême de la grande actrice à Notre-Dame eût été pour l'Église une touchante cérémonie.

Hermione se laissa prêcher, cajoler, dorloter, sans avoir le moindre désir de se faire chrétienne. Elle étudia, sous l'inspiration de ses hôtes illustres, le rôle de Pauline dans *Polyeucte*, et prononça devant eux son JE CROIS! avec un accent qui donnait le plus bel espoir; mais, hélas! elle sortit du cénacle de la rue de Sèvres aussi juive qu'elle y était entrée.

Ses exigences à la Comédie-Française, ainsi que l'avaient prévu les sociétaires, croissaient de jour en jour.

Engagée à quatre mille francs, elle en demanda bientôt le double, et, d'augmentation en augmentation, elle arriva au chiffre de vingt mille francs de fixe avant la fin de 1840, ce qui représentait, en y joignant les feux et les gratifications, une somme de soixante mille francs par an, c'est-à-dire un tiers de plus que ne touchait mademoiselle Mars.

Les conquêtes de Rachel sur la caisse ne devaient pas rester en si beau chemin.

Son frère et ses sœurs avaient pris goût au théâtre. Il fallut tour à tour les engager avec des appointements honnêtes. Sarah, Rébecca, Raphaël, ainsi que Dinah, qui jouait dans *le Malade imaginaire* le rôle de la petite fille menacée du fouet par Argan, émargeaient en même temps que leur sœur.

On ne disait plus : « Allons à la Comédie-Française ; » on disait : « Allons à la synagogue. »

Les juifs, du reste, envahissent, de nos jours, bien d'autres positions et d'autres carrières. Un homme d'infiniment d'esprit s'écriait dernièrement devant nous :

« Une seule chose m'étonne, c'est qu'un juif ne soit pas archevêque de Paris ! »

Après la question de l'engagement de ses proches, vint pour Rachel la question des congés. Elle demanda trois mois d'abord, puis elle en exigea davantage [1].

---

[1] Son premier congé lui fut accordé en 1840. Elle se rendit à Lyon, où les échevins lui décernèrent la

A l'heure où nous écrivons, elle a quarante-deux mille francs de fixe, pour jouer deux fois la semaine pendant six mois seulement. Elle touche dix francs de feux par représentation. Ces feux s'élèvent à cinq cents francs, s'il lui convient de jouer une fois de plus telle ou telle semaine, et ses congés, l'un dans l'autre, lui rapportent chacun près de cent mille écus. Bref, elle gagne, année courante, de trois cent cinquante à quatre cent mille francs.

C'est un denier fort respectable. Notre siècle seul a pu donner à la gloire le manteau de Rothschild.

fameuse couronne dont nous avons parlé dans la biographie de Pierre Dupont. Cette couronne était en or massif et représentait une valeur de six à sept mille francs.

Et tu vivais, ô vieux Corneille, avec une pension de deux mille livres !

Hermione est juive dans toute l'extension de rapacité métallique ordinairement attribuée à ce mot. L'or, toujours l'or, voilà sa devise. Il lui en faut, c'est une des conditions nécessaires à son existence. Au-dessus du sac d'écus, du rouleau de louis, du diamant et de la pierre précieuse, mademoiselle Félix ne voit plus rien.

Il y a dix-huit mois environ, les médecins, la voyant attaquée d'une maladie de langueur, cherchaient une distraction, un remède, quelque chose enfin qui pût la faire sortir de l'atonie générale où elle se trouvait. Tous leurs efforts, toutes leurs tentatives demeuraient sans résultat.

Félix père eut alors une idée triomphante : il apporta la cassette à l'or et aux bijoux.

On place devant Rachel cette cassette ouverte ; elle y plonge rapidement les mains. Sa bouche s'entr'ouvre et frémit de plaisir, ses yeux se raniment, ses joues se colorent. Elle fait ruisseler entre ses doigts les pièces brillantes, elle tâte les bracelets, les bagues, les colliers, elle sourit à l'éclat des pierres précieuses. L'instinct de coquetterie de la femme se trouve pour quelque chose dans sa joie ; mais la juive surtout, la juive est aux anges.

Les médecins, à chaque nouvelle atteinte de la maladie, renouvelèrent l'application de ce remède vainqueur. Rachel fut guérie.

Le 15 mai 1840, elle joua pour la première fois le rôle de Pauline dans *Polyeucte*. Elle aborda, le 22 décembre de la même année, celui de Marie Stuart, et le public ne tarda pas à l'applaudir dans la Chimène du *Cid*[1].

---

[1] La place nous manque pour donner la liste complète de ses rôles. Outre ceux que nous avons déjà cités, voici les principaux de l'ancien répertoire : Esther (28 février 1839); Laodice de *Nicomède* (9 avril); Ariane (7 mai 1842); Bérénice (6 janvier 1844); Electre dans *Oreste* (6 décembre 1845); Athalie (5 avril 1847). Les rôles du nouveau répertoire sont : la Frédégonde de M. Lemercier (5 novembre 1842); la Judith de Mme de Girardin (24 avril 1843); la Virginie de M. Latour Saint-Ybars (5 avril 1845); la Jeanne d'Arc de M. Soumet (4 avril 1846); la Lucrèce de Ponsard (24 mars 1848); la

Mais son plus admirable et son plus éclatant succès fut le rôle de Phèdre.

A aucune époque les annales dramatiques n'ont enregistré pareil triomphe. Du parterre aux combles la salle frissonnait. La terreur, la passion, la frénésie de l'amour étaient excitées, rendues avec une vérité sinistre, une verve effrayante, une puissance à confondre. On n'applaudissait pas, on perdait en quelque sorte le sentiment de son être pour vivre de la vie de la tragédienne ; on tressaillait

---

Thisbé de Victor Hugo (18 mai 1850), etc., etc. Nous ne comptons ni l'*Ombre de Molière*, ni le *Vieux de la montagne*, ni *Cléopâtre*, ni le *Moineau de Lesbie*, ni Mlle *de Belle-Isle*, ni *Valérie*, ni *Diane*, ni *Louise de Lignerolles*, ni même *Lady Tartuffe*. Mlle Rachel y a été insignifiante relativement, comme dans le *Roi attend*, de George Sand, et dans *Horace et Lydie*, de M. Ponsard.

avec toutes ses fibres, on palpitait de ses joies, on rugissait de ses colères.. L'âme suspendue à son geste, à ses lèvres, le cœur bouleversé par son coupable amour, vous sentiez avec épouvante le crime vous saisir, l'inceste vous brûler le sang. Rachel jetait sur vos épaules la robe du Centaure, et vous livrait à ses dévorantes ardeurs.

C'est Vénus tout entière à sa proie attachée!

Jamais le vers de Racine n'eut une expression plus fatale. Depuis dix ans, Phèdre a paru cinquante fois sur le théâtre de la rue Richelieu, et cinquante fois le même effet a été produit.

Si une statue de Phidias, animée par un souffle créateur, drapée dans le péplum et chaussée du cothurne, traversait les siècles pour venir après trois mille ans respirer, marcher, parler devant nous, on ne verrait pas une représentation plus parfaite et plus absolue de la beauté antique.

Rachel est grecque des pieds à la tête, dans son galbe, dans sa démarche, dans ses mouvements, dans sa pose. La draperie suit ses gestes et retombe autour d'elle avec un art inimitable, avec une grâce athénienne.

Elle a tout reçu de la nature, ampleur du geste, majesté de la contenance, force du regard, sûreté de la voix.

C'est dans l'organisation de son larynx qu'il faut chercher la cause des effets inouïs auxquels nous la voyons atteindre. Rachel est un écho de ses professeurs, écho magnifique, écho sonore, toujours sûr de répéter la syllabe, le mot, la phrase comme on les lui fait entendre. C'est un diapason qui donne le *la* avec une justesse merveilleuse, un instrument dont toutes les gammes, toutes les notes, toutes les modulations montent ou descendent, grondent ou s'adoucissent, éclatent ou s'apaisent dans le plus parfait accord, sans que jamais une corde fausse chagrine votre oreille.

Ici nos lecteurs vont se récrier.

Quoi! ces prodiges de diction, cette science de débit, ces accents passionnés, ironiques ou terribles, tout cela se réduirait à une précision mécanique, due au hasard?

— Non, prenez garde !

Rachel comprend ce qu'elle exécute ; mais elle ne devine rien.

Douée d'une mémoire solide, elle coordonne dans les cases de son cerveau les effets qu'on lui indique et les retrouve à coup sûr, lorsqu'elle en a besoin. C'est un instrument, mais un instrument qui a une âme et qui, loin du maître, sait répéter les harmonies écloses sous le souffle et sous les doigts du maître.

Seule et sans secours, elle n'a aucune force créatrice. Elle tâtonne, elle s'égare, elle se perd dans les nuages de l'ignorance et du doute.

Un diamant est perdu dans l'ombre ; apportez une lumière, il étincelle.

Archimède disait : « Donnez-moi le

point d'appui, je soulève le monde! »
Rachel a trouvé le point d'appui d'Archimède.

Toutes les fois qu'elle aborde un rôle, elle va trouver Samson, qui le lui explique, le lui mâche en quelque sorte, depuis le premier vers jusqu'au dernier, réglant les poses, les intonations, les gestes, éclairant du flambeau de l'art cette belle intelligence incertaine et presque aveugle.

Samson tient les ressorts du génie de Rachel, il a dans la main les clefs de sa voix.

La passion, l'ironie, le désespoir, la terreur, il fait tout naître, tout résonner, tout frémir. Il n'est pas une note dans ce gosier d'airain dont il ne sache les ressources et qu'il ne fasse vibrer à sa guise.

Rachel ayant voulu jouer Agrippine de *Britannicus*, sans consulter son maitre, elle n'y obtint pas le moindre succès.

Lors des répétitions d'*Adrienne Lecouvreur*, Samson était absent, et M. Scribe faillit perdre la tête. Rachel ne comprenait pas le rôle. Sa sœur Rébecca, très-fine et très-intelligente [1], se permettait de venir en aide à M. Scribe et d'indiquer à *Adrienne* les intentions de l'auteur.

Il fut expressément interdit à Rébecca, par Rachel elle-même, d'assister à l'avenir aux répétitions.

Si l'on veut une preuve convaincante

---

[1] Elle vient de mourir, il y a trois mois, et laisse beaucoup de regrets au théâtre.

de cette absence d'inspiration chez la grande tragédienne et de la nécessité où elle se trouve de prendre conseil d'un professeur, il suffit de la suivre dans le premier venu de ses rôles et d'étudier ses effets de scène.

Ils se produisent invariablement de la même manière.

Jamais la note ne change; elle est énergique à tel endroit, sourde à tel autre; l'instrument la donne, le lendemain comme la veille, avec la même netteté, la même justesse, la même douceur ou la même force.

Toutes les nuances de la passion sont arrêtées, convenues, fixées.

N'ayant plus à recourir qu'à sa mémoire, et sûre de son prodigieux organe, Rachel tient le spectateur haletant, éperdu, sous le vers implacable qui le tenaille et le martèle à froid sans qu'il s'en doute.

Lorsque le rideau tombe et dérobe la fille de Pasiphaé à son auditoire frémissant, prenez la main de Rachel, comptez les pulsations de l'artère : vous en trouverez soixante à la minute.

Quand Talma sortait de scène, il fallait l'envelopper dans une couverture et le porter dans sa loge.

Ce jeu, régulier, calme, uniforme et presque mathématique, double la puissance de la tragédienne et lui permet, à l'époque de ses congés, de donner une représentation chaque jour sans fatigue.

Par une étrange bizarrerie de son

étoile, tout ce qui lui fait défaut, comme artiste, tourne au bénéfice de sa fortune et de sa gloire. Si elle jouait d'enthousiasme, sur trois mille soirées tragiques peut-être que lui doivent la France et l'Europe, elle aurait dû forcément en retrancher les deux tiers, sous peine de mourir à la tâche.

En conséquence elle eût perdu beaucoup de notoriété, comme beaucoup d'or.

Les cordes sensibles et les élans du cœur manquent absolument à mademoiselle Rachel. Voilà ce que Samson n'a jamais pu lui donner, avec toute son adresse, avec tout son art. Dieu seul, en créant notre âme, y jette le précieux germe de la sensibilité. Les hommes l'étouffent quelquefois; mais ce n'est ni par leurs soins ni par leurs efforts qu'il prend naissance. On imite l'orgueil, le dédain, la haine, la luxure et la rage; cela s'exprime par le jeu des muscles, par le talent des poses, par les inflexions de la voix; mais pour faire pleurer les autres, il faut pleurer soi-même, et mademoiselle Rachel n'a pas le don des larmes. Elle est sublime dans Hermione et dans Phèdre; nous la mettons au défi de se montrer dans Andromaque.

Pour elle et pour sa renommée, nous souhaitons de longs jours à son habile maître; car, Samson mort, il est douteux qu'elle puisse aborder un rôle nouveau.

Rachel ne travaille pas; elle ne fait

aucun effort pour s'instruire et pour se mettre à la hauteur historique des personnages qu'elle représente.

Son but est d'amasser des millions, beaucoup de millions.

Chaque jour elle remplit ses coffres en exploitant quatre pièces de Pierre Corneille et deux de Jean Racine [1], six tragédies, rien de plus.

---

[1] A propos de Corneille, de Racine et de Mlle Rachel, voici une lettre que nous avons reçue de province. Elle est un peu longue, mais nous la donnons tout entière, afin de prouver que nous n'avons aucun parti pris pour le blâme, quand l'éloge se présente. Voici la lettre :

A MONSIEUR EUGÈNE DE MIRECOURT.

« Monsieur,

« Comme vous l'avez fort bien dit, une anecdote réussit beaucoup mieux à peindre un personnage que les études approfondies auxquelles on peut se livrer sur son compte. Hugo, Lamennais, Déjazet, tous les contemporains illustres que vous daguerréotypez ont

Voilà son répertoire sérieux.

Le reste ne compte guère, et les écri-

chacun dans leur vie intime un air, une physionomie sans arrière-pensée que vous nous montrez dans un fait inédit, une anecdote ignorée ou peu connue. Ce que vous avez fait pour les autres, vous le ferez apparemment pour Rachel.

« Je vous prie, en conséquence, de considérer ce qui précède comme une sorte d'introduction à ce qui suit.

« Au mois d'août 1849, Mlle Rachel parcourait la Bretagne et la Normandie. Après avoir joué *Phèdre*, à Avranches, elle passa, en se rendant à Caen, par Saint-Denis-le-Guast et s'y arrêta quelques heures. C'est là qu'elle eut occasion de remarquer un jeune paysan alors âgé de treize ans. Quand Rachel le rencontra, il lisait la vie d'*Arondino*. Elle s'approcha de lui et s'informa du volume qui l'intéressait si fort.

« — Comment! s'écria-t-elle, sont-ce là les ouvrages que l'on vous donne en prix? Quelle pitié! A quoi cela vous conduira-t-il, mon enfant? Lisez donc Corneille, lisez Racine. Vous ne les avez point?

« — Non, mademoiselle.

« — Je vous les enverrai. Comment vous appelez-vous?

« — Armand Le Brun.

vains modernes ne trouvent pas dans son talent le moindre appui.

« — C'est bien. Voici pour acheter des livres. » Et en même temps elle le forçait d'accepter deux louis.

« — Quant à Corneille et à Racine, ajouta-t-elle, c'est moi qui me charge de vous les envoyer. »

« Trois mois s'étaient écoulés. Notre petit paysan ne comptait plus sur les promesses de la grande dame, quand un beau matin il reçoit, franc de port, deux magnifiques volumes dorés sur tranche, reliure en chagrin, édition Furne. Sur la couverture étincelait son nom en lettres d'or, et au verso de la première page Rachel avait écrit :

« Donné à Armand Le Brun, à qui je souhaite
« un bel avenir.

« Rachel. »

« Je suis persuadé, monsieur, que dans la biographie de la grande actrice vous aurez plus d'un trait de ce genre à consigner. C'est ce qui me fait craindre pour la publicité de l'anecdote ci-dessus. Quoi qu'il en soit, si je ne puis témoigner à Rachel toute la reconnaissance de mon jeune protégé,

J'aurai du moins l'honneur de l'avoir entrepris.

« Agréez, etc.

« Marquis de Gondrexante. »

« Coutances, 28 mai 1854. »

Un rôle de *Sapho* a été impitoyablement refusé par elle.

Jamais elle n'a voulu dire le motif de ce refus. On le cherche, et l'on se demande pourquoi mademoiselle Rachel ne représenterait point à la scène la fameuse lesbienne.

Découragés par ses rebufades, victimes de ses caprices, les auteurs ne lui préparent aucune œuvre importante, convaincus, ou qu'elle ne voudra pas leur servir d'interprète, ou qu'elle ira jouer leur pièce à Londres et à Saint-Pétersbourg, sans leur offrir de droits d'auteur.

Rachel connaît très-peu la fraternité artistique.

Elle tire à elle, comme on dit vulgairement, toute la couverture. Ses camarades rendent justice à son immense mérite comme déclamation; mais ils n'ont pas mademoiselle Félix en profonde estime comme caractère[1].

— Ah çà, disait un jour nous ne savons plus quel directeur à Judith[2], pourquoi déblatérez-vous ainsi contre Rachel? C'est mal! car enfin elle a plus qu'une autre droit à vos sympathies et à

---

[1] Elle est continuellement en procès avec le théâtre, et l'autographe que nous donnons à la fin de ce volume est une lettre écrite à M. Debelleyme, à l'occasion d'un de ces procès. On affirme qu'elle a, tout récemment, forcé Ballande à quitter la Comédie-Française, parce qu'elle ne voulait plus jouer avec cet acteur : il se faisait applaudir à côté d'elle, ce qu'Hermione tolère difficilement.

[2] La plus spirituelle des sociétaires de la Comédie-Française après Augustine Brohan.

votre amitié. N'êtes-vous pas coreligionnaires?

— Sans doute, répondit Judith ; mais n'importe ; il y a un monde entre elle et moi.

— Comment cela?

— Je suis juive, c'est vrai ; tandis que Rachel... c'est un juif!

Il n'y avait pour Hermione qu'un moyen de se préserver de l'envie et de faire accepter cette gloire absorbante qui éclipse tous les autres talents à côté d'elle, c'était de se montrer affectueuse et désintéressée.

Mais le théâtre est son comptoir, sa boutique ; elle y fait du commerce, elle s'y occupe sans cesse de l'augmentation des chiffres ; on l'y trouve constamment maussade ou grondeuse, et ses gentillesses, ses sourires, ses grâces, sont pour le dehors [1].

A la ville, Rachel est charmante.

Il est impossible de rencontrer une femme plus accomplie et dont le langage, les manières, la tenue, offrent, quand elle veut s'en donner la peine, un cachet de distinction plus réel et plus remarquable.

C'est Marion Delorme passée à l'état de duchesse.

---

[1] On comprend que nous parlons seulement ici de ses relations avec les administrateurs et avec ses camarades. Dans sa loge, où d'humbles courtisans vont la saluer pendant les entr'actes, elle se montre bonne fille et daigne quelquefois recevoir des ministres et des ambassadeurs. De temps à autre, M. Ponsard réussit à se glisser dans un coin. Cette loge de Rachel est un appartement complet; on y fait antichambre. Rarement Hermione se montre au foyer des acteurs.

Elle est tout à la fois majestueuse et piquante, grave et folle, modeste et passionnée.

Depuis quinze ans, une foule de papillons tourbillonnent, se pressent et se culbutent pour venir se brûler aux flammes dangereuses qu'elle allume.

Notre bon docteur qui, le premier, s'est rôti les ailes au flambeau, s'écrie naïvement :

« Ne laissez pas votre cœur s'enflammer à l'explosion soudaine des coquetteries et des tendresses dont la tragédienne se plaît, par caprice, à étourdir le premier venu. Elle ne se souviendra pas le lendemain de ses paroles engageantes, de ses avances de la veille ; elle se rit parfois des passions qu'elle inspire[1]. »

[1] *Mémoires d'un Bourgeois de Paris*, tome IV, page 233.

— Ah! docteur, il y en a eu de plus à plaindre que vous!

Nécessairement on vous a raconté l'histoire de ce malheureux Guyon, taillé en Hercule, et pourtant si peu capable d'en exécuter les héroïques travaux. Le *Qui êtes-vous? est-ce que je vous connais?* dont on châtia le lendemain sa timidité devenue présomptueuse, l'a poursuivi jusqu'à la fin de ses jours comme un regret ou comme un remords.

Rachel sacrifie ses adorateurs avec le sang-froid déployé jadis par son grand-père Abraham, lorsque Dieu lui commanda d'immoler Isaac.

A l'heure même où vous descendez avec elle les sentiers les plus rapides de la passion, elle s'arrête par un caprice soudain, vous quitte, et remonte vers des hauteurs glacées, où l'amour n'habite plus sans grelotter et sans mourir.

Quel que soit le dédale d'intrigues où elle se jette, elle réussit toujours, même sans employer le fil d'Ariane, à retrouver sa route et à s'enfuir ailleurs, laissant le minotaure au fond du labyrinthe.

Spirituelle comme Aspasie, tendre comme Didon, fière comme Cléopâtre, on la voit tout à coup se métamorphoser complétement. Elle devient plus simple qu'une bourgeoise de la rue Quincampoix, plus froide qu'une fille de marbre, et, si nous osons nous servir d'une expression dont elle fait quelquefois usage, elle éprouve le besoin de *s'encanailler*.

C'est une fantaisie d'artiste, un élan tout naturel vers les souvenirs d'enfance.

Sous la robe d'or et sous les voiles flottants de la déesse tragique, passent toujours un peu les anciennes guenilles de la chanteuse de carrefours.

Ah! que voulez-vous, noble reine, il faut tout dire! C'est un engagement que nous avons pris, nous y serons fidèle. Vous appartenez au public. Si vous trouvez de l'absinthe au bord d'une coupe enivrante, ne vous plaignez pas, buvez toujours!

Ceci, quoi qu'on dise, est la moralité de nos petits livres.

Les mères de famille, les chastes épouses, les vierges sages abritées sous le foyer paisible, doivent apprendre ce qu'on perd à la gloire et ce qu'on gagne à l'obscurité. Il est bon, de temps à autre, il est moral d'écarter le rideau et de montrer sous leur véritable jour ces existences chatoyantes, dont il arrive trop souvent qu'on envie les joies dangereuses et le faux bonheur.

« Mlle Rachel, dit le grand philosophe Véron, est une nature fiévreuse qui veut tout épuiser, qui veut abuser de tout, qui ne croit pour l'avenir ni aux rides ni à l'adversité, ces éternelles et implacables ennemies de la beauté, du génie et des plus hautes fortunes [1]. »

Que le docteur soit calme, Hermione se détrompera toujours assez tôt pour ce

---

[1] *Mémoires d'un Bourgeois de Paris*, tome IV, page 236.

qui tient aux rides ; quant à l'adversité, peut-être a-t-elle raison de ne pas y croire, si par ce mot on entend la ruine.

Elle est aujourd'hui deux fois millionnaire.

Sans compter les montagnes de roubles, de florins et de guinées que la Russie, l'Allemagne et l'Angleterre lui réservent encore, elle va partir au mois de mai pour les États-Unis, où ces prodigues Américains lui assurent deux cents représentations à six mille francs chacune : total, douze cent mille francs.

Pends-toi, Nicolas ! car la célèbre actrice n'a rapporté de Saint-Pétersbourg que le quart de cette somme.

Au moins devrais-tu ne pas te laisser vaincre... en générosité !

Dans ses congés, mademoiselle Rachel est infatigable. Elle donne trente représentations par mois, court la poste toutes les nuits, et dort sur un matelas disposé au fond de sa berline.

Craignant, à son retour de Russie, d'avoir contre elle l'opinion publique, en ce moment peu favorable aux Cosaques, elle a eu soin de se faire précéder d'une excellente anecdote et d'un mot très-patriotique jeté par elle à nos ennemis.

Voici le mot et l'anecdote.

C'était à la fin d'un dîner splendide offert à Hermione.

Il y avait là beaucoup d'officiers du

czar, et ces aimables guerriers annonçaient avec une joie légèrement présomptueuse que les armes allaient enfin trancher la question dont la diplomatie n'avait pu dénouer le nœud gordien.

« — Au revoir, mademoiselle, dirent-ils à la tragédienne. Nous irons bientôt à Paris vous applaudir et boire à votre santé de ces bons vins de France !

« — Messieurs, répondit Rachel, la France n'est pas assez riche pour payer du champagne à ses prisonniers. »

Si notre héroïne s'enrichit par les représentations qu'elle donne en province et à l'étranger, si elle recueille pour son propre compte une moisson brillante, elle a derrière elle un glaneur adroit qui ramasse les épis oubliés, et qui sait au besoin en extraire de la gerbe.

Nous parlons de Raphaël, son illustre frère.

Décidément il renonce au rôle d'*Hippolyte* pour diriger la troupe chargée de donner la réplique à Hermione. Il s'adjuge pour cela trente ou quarante mille francs d'honoraires et réalise à peu près une somme égale par une vente machiavélique et souterraine d'autographes et de portraits de sa sœur [1].

---

[1] On affirme qu'il a gagné cent mille francs en Russie, et que le traité de New-York doit lui rapporter trois cent mille francs. Quant aux acteurs qui accompagnent Rachel, ils sont payés de la façon la plus misérable ; on les traite de Turc à More. Un de ces pauvres artistes, malade et n'en pouvant plus, dit un jour à la tragédienne : « Je vous en supplie, donnez-moi vingt-quatre heures de repos, le temps de mettre

Ah! si elle le savait! mais probablement elle l'ignore.

Du reste, nous devons le dire, malgré son avidité toute judaïque, Rachel laisse volontiers ses proches ramasser les miettes de la table somptueuse dressée devant elle par la fortune.

M. Félix père, israélite retors, et qui ne manque ni de jugement ni de tact, a depuis seize ans surveillé sans cesse ni trêve les intérêts de sa fille. En témoignage de gratitude, celle-ci lui a fait don d'une superbe maison de plaisance à

---

des sangsues. — Impossible, répondit Hermione. On nous attend, ce soir, à vingt lieues d'ici. Je ne manquerai pas une représentation pour vous. » Le malheureux fut obligé de monter en diligence et de s'appliquer les sangsues sous la bâche.

Montmorency, avec douze mille francs de rente viagère.

Elle prête de l'argent à madame Félix pour jouer à la Bourse, et paie tous les six mois, non sans beaucoup se plaindre, les dettes de Sarah, sa sœur aînée.

A Montmorency, où naturellement Rachel conserve un pied-à-terre, on mène un train bourgeois fort doux, eu égard à la vie de bohême du passé. Les mauvais jours ne sont plus, Israël a touché la terre promise. On dîne sous les arbres, on passe des soirées entières à jouer au loto, et quelquefois de graves dissentiments éclatent pour le partage des bénéfices.

Hermione cède alors sa part aux plus avides, et la discorde s'apaise.

Une fois sortie des affections de famille, Rachel ferme sa bourse. Elle se laisse appeler devant le juge de paix pour une note de quinze francs.

Nous avons dit qu'elle avait plus de deux millions de fortune.

Le théâtre seul n'a pas été son tributaire. De nombreux soupirants ont déposé à ses genoux des trésors avec leur cœur. Si parfois ils se montraient un peu plus économes que la violence de leur passion ne semblait l'autoriser, Rachel avait des procédés pleins de finesse pour stimuler leurs instincts généreux.

Un soir, chez madame S***, sa vieille amie, elle remarque une respectable guitare toute noire de crasse et de vétusté.

— Vous ne tenez pas sans doute à conserver ceci, ma chère? demande Phèdre. Voulez-vous m'en faire présent?

— Oui certes, avec beaucoup de plaisir. Tu me débarrasses là d'un vilain meuble, répond madame S***.

La femme de chambre reçoit l'ordre de porter la guitare rue Joubert[1], au domicile de la tragédienne.

---

[1] Avant de demeurer là, Mlle Rachel avait eu trois autres logements, le premier dans le passage Véro-Dodat, le second rue Neuve-du-Luxembourg, 26, et le troisième quai Malaquais, 23. De la rue Joubert elle a transporté ses pénates rue de Rivoli, 10, et enfin dans ce splendide hôtel de la rue Trudon, que vingt articles de journaux ont fait récemment connaître, depuis la cave jusqu'au grenier. Mlle Rachel feignit d'avoir l'intention de s'en défaire; mais son but était de pousser à la réclame plutôt qu'à la vente. Elle conserve son hôtel, après avoir métamorphosé tous les journalistes en commissaires-priseurs.

Trois jours après, le comte W***[1], pénétrant dans le boudoir de Phèdre, remarque à son tour le vieil et noir instrument enfermé dans une cage de soie et suspendu près de la cheminée.

— Miséricorde! qu'est-ce que cela? dit-il, se plaçant le lorgnon sur l'œil.

Rachel prend une pose sentimentale et répond :

— C'est la guitare avec laquelle, pauvre fille, j'allais autrefois chanter dans les rues et demander aux passants le denier de l'aumône.

— Est-ce possible?.... Oh ! je vous en supplie, donnez-moi ce souvenir de votre enfance ! Pour moi, pour tous, pour l'his-

---

[1] Fils naturel de l'empereur Napoléon 1er, actuellement à la tête d'une de nos principales ambassades.

toire, c'est un trésor, dit le comte avec feu.

— Aussi je le garde, dit Phèdre, et je ne le donnerais pas pour cinquante mille francs.

— Je veux l'avoir !... Quoi qu'il en coûte, je l'aurai !

— Vous êtes fou.

— Tenez, Rachel, je vous l'échange contre ce bracelet [de diamants et cette rivière de rubis que vous me demandiez l'autre jour. Vous pouvez tout faire prendre à l'instant même chez le bijoutier. Est-ce convenu ?

— Allons, dit Phèdre avec un soupir, emportez la guitare !

Jamais homme ne fut plus joyeux que le comte. Il montrait son trésor à tous ses amis. Malheureusement, vers la fin de la semaine, madame S***, entrant chez le noble personnage, reconnut le singulier cadeau qu'elle avait fait à Rachel, poussa des exclamations de surprise, et vendit la mèche.

Phèdre avait oublié de lui donner le mot.

Le comte ne se pardonna jamais son crédule enthousiasme et l'entraînement naïf de son cœur.

Si mademoiselle Rachel a fait beaucoup d'heureux, en revanche il est impossible de compter ses martyrs. L'un des plus célèbres est le prince Martchinkoff [1].

---

[1] Ne pas confondre avec le prince Menschikoff, qui, à l'heure où nous écrivons, est sur le point de sauter avec Sébastopol.

Cet aimable Russe, occupé, vers 1845, à manger ses paysans à Paris, courtisait Hermione et semait de roubles les sentiers anacréontiques où elle daignait parfois se promener avec lui. Fidèle à son habitude, la déesse abandonnait souvent en chemin le pauvre boyard, qu'on voyait errer, gémissant et solitaire, comme un tourtereau perdu.

Martchinkoff joignait à tous ses désespoirs celui de connaître ses rivaux.

Le plus dangereux lui semblait être un jeune acteur, aujourd'hui attaché à l'un des théâtres du boulevard.

Semant toujours les roubles, mais, cette fois, pour payer l'espionnage, notre jaloux apprend qu'un beau soir, outre des adieux fort tendres, on s'est fait mille promesses d'éternelle constance.

Rachel partait le lendemain pour l'Italie. L'espion de Martchinkoff eut ordre de la suivre pas à pas et de ville en ville.

Qui fut ébahi, ce fut le comédien, quand, au bout de six semaines, il reçut de Florence un long mémoire contenant les faits et gestes de l'illustre voyageuse, et cela depuis son départ, jour par jour, heure par heure.

Entre autres détails peu récréatifs, il sut qu'un artiste de l'orchestre de Gênes, très-fort sur la contre-basse, avait osé concevoir pour mademoiselle Rachel une passion profonde.

Nous ignorons ce que le mémoire pouvait ajouter en plus, mais l'acteur désolé crut indispensable de chercher des consolations près d'une ingénue du Vaudeville.

Grand éclat d'Hermione à son retour. Elle s'abandonne à tous les transports de la colère. C'est une tempête de cris et d'injures.

— Diable! fit le jeune homme, j'étais loin de m'attendre à pareille musique! On voit, madame, que vous avez pris des leçons de contre-basse.

Hermione tressaille. Quel traître a pu révéler cet épisode du voyage? Elle soupçonne Martchinkoff, le ramène à ses genoux, l'interroge, obtient la confirmation de ses doutes, l'oblige à démentir par écrit la lettre perfide expédiée de Florence, sonne sa femme de chambre et l'envoie porter l'autographe du prince chez le comédien.

Celui-ci arrive au bout d'un quart d'heure.

— Je ne vous retiens plus, dit Rachel à Martchinkoff : monsieur et moi, nous avons à causer quelques instants. Passez, je vous prie, chez Chevet ; commandez un dîner de premier ordre, et revenez à six heures.

Le pauvre Russe tenait à obtenir son pardon. Il sortit la tête basse.

— Nous dînerons ensemble, dit Rachel au jeune homme.

— Par exemple !... Avec Martchinkoff ?.... jamais !

— Martchinkoff ne dînera pas.

— Bon !.... S'il paye le dîner ?

— Raison de plus. C'est ma vengeance.

A six heures précises, le boyard arrive. Du palier, son oreille distingue des voix joyeuses, un bruit de fourchettes; il tire sa montre et se dit :

— Je retarde sans doute?

Il sonne. Rose, la femme de chambre, vient ouvrir.

— Madame n'y est pas, dit-elle avec aplomb.

— Comment? c'est impossible : elle-même, ici, tout à l'heure......

— Oui, mais elle s'est trouvée souffrante. Elle est à Montmorency dans sa famille.

Le prince devint livide. Au moment où Rose lui tenait ce discours, il entendait le choc des verres, et les voix criaient :

— A la santé de Martchinkoff !

Rose ferma la porte. Le malheureux boyard fit une maladie de six mois et s'en retourna, presque ruiné, à Saint-Pétersbourg.

Un des plus grands plaisirs d'Hermione, lorsque Martchinkoff lui rendait visite à Montmorency, était de lui tirer du gousset des pièces de cinq francs, qu'elle jetait dans l'herbe des pelouses.

— Elles appartiennent à celui qui les attrapera ! criait-elle à son frère et à ses sœurs.

On juge comme se battaient tous ces petits juifs, mâles et femelles.

Quand le gousset ne contenait plus de pièces de cinq francs, Hermione disait :

— Donnez de l'or !

Et les louis pleuvaient.

Martchinkoff laissa, un soir, huit cents francs sur la pelouse.

Rachel n'a pas toujours les allures excentriques et folles, trop communes au théâtre. On la voit, presque sans transition, reprendre une tenue pudique, un air décent. Aussi bonne actrice à la ville qu'à la scène, elle joue la femme du monde avec une dignité tout à fait imposante.

Nulle part elle ne semble déplacée.

Le tact le plus parfait règle ses manières, ses discours, sa contenance.

Elle a deux enfants. L'aîné a été reconnu par le comte W*** et porte le titre de vicomte.

« — J'amasse des millions pour lui, dit Hermione : il faut qu'un jour il soutienne l'honneur de sa race. »

Lorsque le cadet vint au monde, elle se montra fort chagrine.

— Que ferez-vous de ce second fils? demanda-t-on.

— Lui? répondit-elle : il sera le portier de son frère.

Aujourd'hui l'humeur a disparu. Les enfants de mademoiselle Rachel reçoivent la même éducation. Ils commencent leurs études à Sainte-Barbe-des-Champs [1]. Lors de l'inauguration de ce pensionnat, monseigneur l'archevêque de Paris fit une harangue, dont la tragédienne parut fort émue. A la fin de la cérémonie, le prélat daigna s'approcher d'elle.

— Je vous félicite, madame, dit-il vous élevez vos fils dans la religion catholique.

— Oui, monseigneur, c'est la religion de leurs pères. Du reste, ajouta-t-elle, avec une exquise flatterie, j'en suis heureuse, aujourd'hui surtout qu'il m'a été

[1] Succursale du collége Sainte-Barbe pour les enfants âgés de huit à douze ans.

donné de vous entendre. Une religion qui a de pareils interprètes est nécessairement divine.

Si tout cela n'est pas un jeu et une déclamation, nous verrons peut-être un jour la célèbre juive se faire chrétienne.

Mais un très-petit nombre de ceux qui la connaissent partagent cette espérance.

Avec l'esprit de calcul de Rachel et sa passion de l'or, il est à croire que Madeleine n'en serait jamais venue au repentir.

Partez donc, madame, allez à New-York !

Les Russes vous cèdent aux Américains; les Américains vous céderont peut-être aux Chinois.

Exploitez à l'étranger cette réputation qui vous a été faite par la France et pour la France. Nous ne vous approuvons pas, nous ne vous approuverons jamais.

Tout ce que vous enlevez au pays, au premier de nos théâtres, aux lettres nationales, vous l'enlevez, retenez-le bien, à votre gloire future et à votre honneur d'artiste.

Partez, madame, et que Plutus vous conduise!

Rachel n'a pas compris ses devoirs de grande artiste. Elle devait s'appliquer à combler le vide immense que son éducation première a laissé dans son esprit et dans son cœur. Plutôt que de se jeter dans les étourdissements de la vie et de sacrifier au veau d'or, elle devait cultiver l'étude, apprendre sa langue qu'elle connaît à peine [1], et chercher par tous les moyens possibles à se rendre utile à l'art moderne.

Corneille et Racine ne sont plus:
Qu'on leur dresse un tabernacle et qu'on entretienne le feu sacré sur l'autel de leur gloire, cela se doit, cela se fera toujours.

---

[1] Elle en a fait plus d'une ois l'aveu. Le comte Molé lui dit un jour, en la complimentant de son heureuse diction : « Mademoiselle, vous sauvez la langue française ! — Voyez le hasard, dit Hermione, moi qui ne l'ai jamais apprise ! »

Mais qu'une actrice aussi puissante que Rachel reste en dehors de son siècle, qu'elle marche dans le domaine de l'art d'un pas rétrograde, qu'elle refuse de servir d'interprète aux auteurs vivants, ou (si ce refus n'est point prouvé) qu'elle ne consacre pas tous ses efforts, toutes ses tentatives, tout son pouvoir de reine à favoriser le développement du génie de son époque, voilà ce qu'il nous est impossible de comprendre.

Nous avons de grands poëtes, dont elle ne se donne pas la peine d'étudier les œuvres et de faire valoir les originales et sublimes créations.

Un premier essai la déconcerte. Elle oublie que mademoiselle Georges et madame Dorval, avec des qualités dramatiques beaucoup moindres, attiraient la foule à ces pièces qu'elle condamne et qu'elle repousse du pied, pour encenser éternellement son idole classique.

Rachel est solidaire du temps présent aux yeux de l'avenir.

Dans son intérêt, dans l'intérêt de tous, il fallait qu'elle méritât un autre nom que celui de FILLE DES MORTS.

FIN.

Monsieur

Le procès qui m'est intenté par la comédie française et qui doit être jugé mercredi

LES CONTEMPORAINS

PAR
EUGÈNE DE MIRECOURT

PROSPECTUS

Si quelque chose, en France, excite la curiosité chez cette masse de lecteurs qui dévorent nos publications modernes, c'est évidemment l'histoire privée, l'histoire intime des écrivains illustres.

Assister à leurs débuts, les suivre dans leur carrière, savoir comment ils ont obtenu les faveurs de cette fée inconstante qu'on nomme la Gloire, les surprendre en déshabillé comme de simples mortels : voilà, sans contredit, un aiguillon puissant, irrésistible, un attrait auquel nous cédons tous.

Dans la publication nouvelle, que déjà le public accueille avec le plus vif empressement, et qui se distingue de toutes les publications du même genre par l'originalité des anecdotes et des détails recueillis chaque homme célèbre a son volume (1), chaque portrait a son cadre.

Ont paru ou doivent paraître successivement **Méry, Victor Hugo, Émile de Girardin,**

---

(1) Cent pages, édition diamant, grand in-32.

George Sand, Béranger, Lamennais, Déjazet, etc., etc.

―――◇―――

CONDITIONS DE LA SOUSCRIPTION

PARIS. — Le prix de chaque petit volume (impression de luxe, avec un magnifique portrait sur acier et un autographe) est de CINQUANTE CENTIMES.

Pour CINQ FRANCS on recevra franco à domicile les *dix premiers volumes*.

Pour VINGT-CINQ FRANCS une fois payés, on recevra la collection tout entière (*cinquante volumes*).

DÉPARTEMENTS. — En envoyant un mandat de SIX FRANCS sur la poste, on recevra franco les *dix premiers volumes*.

En envoyant un mandat de TRENTE FRANCS, on recevra franco la collection tout entière (*cinquante volumes*).

PRIME GRATUITE

Les souscripteurs à la collection entière recevront immédiatement une magnifique lithographie de Diaz, *Vénus pleurant la mort de l'Amour*, dont le prix est de 5 francs. Cette œuvre d'art sera délivrée au bureau sur la présentation de la quittance.

―――――

Adresser les envois à MM. RORET et comp., éditeurs des **CONTEMPORAINS**, rue Mazarine, 9, au bureau du *Dictionnaire de la Conversation*. (Affranchir.)

―――――

On souscrit chez tous les libraires et à tous les bureaux de messageries, sans aucune espèce de frais pour le transport de l'argent, une remise étant faite, par les éditeurs, à qui de droit.

www.ingramcontent.com/pod-product-compliance
Lightning Source LLC
LaVergne TN
LVHW052103090426
835512LV00035B/953